Athénaïs,
ou le Pouvoir d'une femme.

Comédie.

ATHÉNAÏS,

OU

LE POUVOIR D'UNE FEMME.

ATHÉNAÏS

OU

LE POUVOIR D'UNE FEMME

COMÉDIE EN UN ACTE, EN PROSE,

PAR

le Comte A. de Saint-Priest,

DÉDIÉE

𝕬 𝕸ᵐᵉ 𝖑𝖆 𝕯𝖚𝖈𝖍𝖊𝖘𝖘𝖊 𝖉𝖊 𝕸𝖆𝖎𝖑𝖑𝖊́,

ET REPRÉSENTÉE POUR LA PREMIÈRE FOIS AU CHATEAU DE LORMOIS
LE 3 JUILLET 1826.

PARIS
IMPRIMERIE DE JULES DIDOT AINÉ,
IMPRIMEUR DU ROI,
RUE DU PONT-DE-LODI, Nº 6.

M. DCCC. XXVI.

PERSONNAGES.	ACTEURS.
ATHÉNAÏS.	Mme de Maillé.
Le duc de MONTALVAR, Napolitain.	M. Mennechet.
Le chevalier de FIERVAL, Français.	M. de Lubert.
CALISTE, cousine d'Athénaïs.	Mme Mennechet.
SÉRAPHINE, camériste d'Athénaïs.	Mme de Chastellux.
ZERBINI, majordome du Duc.	M. Alexis de St-Priest.

La scène est au château de Montalvar, près de Naples.

Le théâtre représente un portique ouvert sur des jardins; la mer, le Vésuve, Naples dans le fond; un pavillon à droite.

ATHÉNAÏS,

OU

LE POUVOIR D'UNE FEMME,

COMÉDIE EN UN ACTE, EN PROSE.

SCÈNE I.

FIERVAL, UN GUIDE.

FIERVAL.

Allez, retournez à Naples... Payez mon hôte et dites-lui que je suis désespéré de l'avoir quitté si brusquement; c'est un brave homme qui m'a assez écorché pour mériter un petit remerciement de ma part... Partir sans avertir personne!... Cette conduite est un peu brutale, j'en conviens, mais que voulez-vous? Il a fallu décamper sans bruit et au grand galop... Vos maris napolitains sont jaloux à l'excès... et j'aime encore mieux avoir couru toute la journée à franc étrier que de me trouver à l'heure qu'il est dans les prisons du gouvernement. Je ne hais pas la mort sur un champ de bataille, mais je la trouve fort désagréable en place publique...Allez, mon ami, je vous rends mille graces! Vous m'avez servi de guide, sans vous j'étais un homme perdu.

(*Le guide sort.*)

Je l'ai échappé belle!... Un mari napolitain et cinquante sbires après moi!... Valeur française, à quoi m'aurais-tu servi?... Mais ce n'est pas sans peine que j'ai renoncé à ton secours. Le misérable!... rendre malheureuse une femme charmante, et trouver mauvais qu'un autre la console... Quelle sotte aventure! Je me trouvais pourtant si bien à Naples... Où suis-je maintenant?... Je n'en sais rien. Je vois une femme; à son air malin, à son costume leste et pimpant, je reconnais une cameriste... Interrogeons-la.

SCÈNE II.

FIERVAL, SÉRAPHINE.

FIERVAL.

Mademoiselle, oserais-je vous demander... Ah! mon Dieu!

SÉRAPHINE, à part.

Que vois-je? je ne m'attendais pas à cette rencontre. (*haut.*) Qu'y a-t-il pour votre service?

FIERVAL.

Comment donc? vous ne vous souvenez pas de ce grand bal champêtre, au clair de la lune, sur la colline de Pausilippe, l'automne dernier?

SÉRAPHINE.

Oui, je m'en souviens confusément. Mais quel rapport?...

SCÈNE II.

FIERVAL.

Vous ne vous rappelez pas qu'après avoir dansé avec moi une douzaine de contre-danses, vous vous êtes donnée pour une jeune marquise sicilienne.

SÉRAPHINE.

Ah! en effet! Je faisais maintenant une réflexion : je ne savais si je devais nier la chose ou en rire; je prends ce dernier parti. Pour jeune et Sicilienne, je le suis; pour marquise, très loin de là.

FIERVAL.

Eh! qui donc êtes-vous? Si j'en crois ce minois fripon, vous êtes la plus maligne soubrette des Deux-Siciles. Vous vous nommez...

SÉRAPHINE.

Séraphine.

FIERVAL.

Eh bien! Séraphine, vous m'inspirez la plus grande confiance. Vous m'avez dit votre nom, je vais vous dire le mien; car nous ne nous connaissons guère, malgré les aventures du bal champêtre. Je suis un jeune officier de bonne maison, et, comme vous voyez, d'assez bonne mine. Doué d'un cœur sensible, riche en gaieté, je suis très pauvre en espèces sonnantes; je voyage en Italie pour mon plaisir; j'ai reçu deux grands coups de sabre de la façon d'un Hongrois dans une de mes campagnes; j'arrive de Naples, que j'ai quitté par suite d'une affaire d'honneur; je me nomme Fierval et je suis Français. Voilà l'abrégé de mon histoire; je crois n'avoir rien oublié d'essentiel. Cela vous a-t-il intéressée?

SÉRAPHINE.

Beaucoup, beaucoup! Quand même vous ne m'auriez pas dit que vous êtes Français, je l'aurais deviné à cette hâte de m'apprendre toutes vos affaires.

FIERVAL.

La confiance doit entraîner la confiance. Dites-moi donc, ma petite Séraphine, à qui est ce beau château?

SÉRAPHINE.

A M. le duc de Montalvar, seigneur napolitain et grand d'Espagne.

FIERVAL.

Le duc de Montalvar, ce jeune homme si riche, le premier parti de Naples?

SÉRAPHINE.

Précisément.

FIERVAL.

Eh! je ne connais que lui; c'est mon ami intime. Je l'ai vu deux ou trois fois chez une jeune dame de ses parentes.

SÉRAPHINE.

C'est une fois de trop pour un observateur clairvoyant.

FIERVAL.

Est-il seul dans ce palais?

SCÈNE II.

SÉRAPHINE.

Seul!... pas tout-à-fait.

FIERVAL.

J'entends. Il fait fort bien. Ma foi, je crois qu'à sa place...

SÉRAPHINE.

Vous êtes bien léger,... monsieur le chevalier... Vous avez certaines idées;... mais c'est tout simple, un officier français!

FIERVAL.

Quelles sont donc les beautés brillantes avec lesquelles monseigneur vient goûter les plaisirs innocents de la campagne?

SÉRAPHINE.

Aussi brillantes que vous pourriez l'imaginer. Ce sont ses deux cousines.

FIERVAL.

Voilà qui n'est pas moral... Mais je vois ce que c'est:... quelques vieilles parentes qu'il supporte dans son château pour en être débarrassé en ville.

SÉRAPHINE.

Deux vieilles parentes!... Y pensez-vous? Appeler vieilles, Caliste et Athénaïs de Montalvar!

FIERVAL.

Athénaïs de Montalvar?

SÉRAPHINE.

Elle-même.

FIERVAL.

Cette brune si piquante, si enjouée, si vive, si coquette! Des yeux noirs, grands comme cela; une petite mine éveillée! J'ai dansé vingt fois avec la charmante Athénaïs. Mais par quel hasard ces deux dames sont-elles dans le château de leur cousin?

SÉRAPHINE.

Elles y sont en attendant que monseigneur ait épousé l'une et marié l'autre.

FIERVAL.

Vous parlez comme un oracle, je ne comprends rien à ce que vous dites.

SÉRAPHINE.

Si votre impatience française vous permet de m'écouter un instant, je vous expliquerai le fait le moins longuement qu'il me sera possible.

FIERVAL.

J'écoute.

SÉRAPHINE.

Monsieur le duc est l'aîné de sa maison. D. Frédéric, son cousin, jaloux à l'excès de la grandeur du nom de Montalvar, légua tous ses biens à mon maître, avec la clause expresse d'épouser l'une des deux nièces qu'il a laissées, et de marier l'autre à un homme digne d'elle, en lui assurant une dot considérable.

FIERVAL.

Quel arrangement bizarre! Ces deux femmes, dont l'une doit être épousée et l'autre éconduite, ce duc que deux rivales se disputent, tout cela doit faire un singulier intérieur. Que d'intrigues! que de tracasseries! Quelle espèce d'homme est ce Montalvar?

SÉRAPHINE.

Le duc est un jeune seigneur fort aimable; il n'a qu'un défaut, à la vérité un défaut énorme : il ne croit pas au pouvoir des femmes.

FIERVAL.

J'entends; c'est un fat qui s'imagine être invincible.

SÉRAPHINE.

Pas précisément; il ne croit pas toutes les femmes éprises de lui, mais il prétend que les hommes ne sont pas toujours menés par les femmes.

FIERVAL.

Quelle hérésie!... Moi, qui vous parle, et c'est beaucoup dire, je me suis laissé mener toute ma vie. Attendez: une, deux, trois, quatre... tout bien compté, j'ai été mené par trente femmes. Et comment les deux cousines accueillent-elles cette étrange prétention?

SÉRAPHINE.

Elle ne sont point cousines par le caractère. Rien de plus opposé que l'humeur de ces deux jeunes personnes; Caliste est froide, artificieuse, ambitieuse, adroite, et passablement fausse; elle meurt d'envie d'épouser le duc. Desirant par-dessus tout s'insinuer dans ses bonnes graces, elle flatte sa manie, prévient ses vœux, devine ses pensées, adopte toutes ses opinions avec une complaisance aveugle; enfin elle a l'air de n'agir et de ne penser que par lui.

FIERVAL.

Et ce manége réussit-il?

SÉRAPHINE.

Caliste, jusqu'à présent, n'a eu ni succès ni chute; elle flatte le duc assez adroitement pour ne pas le révolter, et n'est peut-être pas assez aimable pour le séduire; mais Athénaïs...

FIERVAL.

J'ai causé avec elle plus d'une fois;... c'est la plus spirituelle, la plus sémillante Italienne. Elle me rappelle nos Françaises: elle est si jolie!

SÉRAPHINE.

Et si coquette!... Bien loin de flatter le duc, elle se moque de ses prétentions; elle le tourmente continuellement par les plus mordantes épigrammes. Vingt fois dans la journée elle fait succéder le dédain aux empressements, et les plus grands frais à la froideur la plus marquée. Le caprice est son élément; et puisque le duc n'en est pas encore excédé, je conclus qu'il est fou, c'est-à-dire amoureux.

FIERVAL.

Je le crois comme vous; les caprices des femmes nous révoltent, ou nous attachent: et Athénaïs répond-elle au sentiment de Montalvar?

SCÈNE II.

SÉRAPHINE.

Je n'en sais vraiment rien; cette jeune personne est une énigme, même pour moi qui la vois tous les jours.

FIERVAL.

Je veux revoir Athénaïs; me recevra-t-elle avec plaisir?

SÉRAPHINE.

N'en doutez pas. Vous êtes aimable, vous êtes spirituel, vous êtes Français : on plairait à moins. J'entends du bruit, c'est Athénaïs, allez-vous-en.

FIERVAL.

Pourquoi voulez-vous que je sorte?

SÉRAPHINE.

Laissez-moi l'avertir de votre arrivée. Elle est si fantasque qu'elle serait capable de vous faire fermer sa porte, si vous vous présentiez à elle dans un mauvais moment.

FIERVAL.

J'obéis... Mais j'espère, ma chère marquise, que vous m'avertirez de l'heure favorable.

SÉRAPHINE.

Je n'y manquerai pas. Je devrais pourtant punir l'impertinence de votre mémoire.

SCÈNE III.

ATHÉNAIS, SÉRAPHINE.

ATHÉNAÏS.

Ah! le beau jour!... Que je me sais bon gré de m'être levée avec l'aurore... En vérité, je suis née pour habiter la campagne : je n'aime que la belle nature...

SÉRAPHINE.

Aussi, pour mieux la contempler, vous levez-vous tous les jours à midi.

ATHÉNAÏS.

Il est vrai; mais aujourd'hui j'ai fait une exception à mon habitude... ou plutôt je n'en ai aucune. Ne trouvez-vous pas, Séraphine, que l'habitude est la chose du monde la plus insipide. Cette uniformité de conduite, cette régularité de tous les instants, cette manière de penser et d'agir à des heures fixes, enfin tout ce qui a l'apparence de l'exactitude me lasse et me déplaît; les esprits médiocres peuvent seuls s'y astreindre. Si l'on était condamné au plaisir, il ressemblerait beaucoup à l'ennui.

SÉRAPHINE.

Eh, oui! c'est pour cela que la chose la plus indifférente paraît fort agréable quand elle nous est défendue.

SCÈNE III.

ATHÉNAÏS.

A propos, il me vient une idée;... la beauté du temps me l'inspire :... je veux passer la journée sous ce portique; quoique les fenêtres de mon appartement donnent sur cette même vue, je serais désespérée de me renfermer aujourd'hui dans ma chambre. Faites porter ici ma toilette, mon miroir...

SÉRAPHINE.

Y pensez-vous, madame? vous coiffer en plein air!... cela ne s'est jamais vu.

ATHÉNAÏS.

Qu'y a-t-il de plus piquant que de n'imiter personne? Je me plais ici; la douceur de l'atmosphère, l'aspect du Vésuve, le parfum des fleurs, tout me charme, tout m'attire; rien n'est plus simple. Je serais folle de résister à mon penchant... Faites ce que je dis.

SÉRAPHINE.

Un peu d'indépendance est une bonne chose; mais l'abus est facile... et cela mène si loin.

SCÈNE IV.

ATHÉNAIS, *seule*.

Si j'en crois Séraphine, je ne m'assujettis pas assez aux usages reçus;... je brave l'opinion, tout le monde me fait ce reproche; eh bien! tant mieux, je le prends pour un éloge. J'aime l'indépendance dans la manière de voir et d'agir; cela a quelque chose de fier qui reléve une femme à ses propres yeux... Mais ce que j'appelle indépendance ne serait-il pas tout simplement du caprice? Du caprice!.... fi donc!.... rien n'est plus commun. Toutes les femmes sont capricieuses, et je le serais!... quelle honte!... J'ai beau m'étourdir sur cette idée humiliante, mais je suis capricieuse!... Par quel travers d'esprit me fais-je un malin plaisir de rebuter le duc de Montalvar?... M'adresse-t-il un compliment sentimental, je m'en moque; est-il sur le point de me dire qu'il m'adore, je le préviens par un éclat de rire; veut-il se promener, j'ai la migraine; reste-t-il chez lui, je n'aime que la promenade; soutient-il son opinion favorite, je la contredis... Ah! pour cela il faut être juste: j'ai bien raison de réfuter l'opinion la plus sotte, la plus ridiculement orgueilleuse... Nier le pouvoir des femmes, accorder aux hommes la fermeté de caractère!.. Le souvenir seul de cette impertinence m'irrite; non, jamais je ne pourrai aimer un homme dont l'esprit a si peu de justesse... Que dis-je, l'aimer? je le déteste, je ne puis le souffrir... Est-il vrai? Eh bien, non, je mens,... car je sens que je l'aime.

SCÈNE V.

ATHÉNAIS, SÉRAPHINE, *portant un miroir, deux domestiques apportent une table.*

SÉRAPHINE.

Vous l'aimez! et quel est l'heureux mortel? je vous croyais insensible.

ATHÉNAÏS, *assise.*

Comment! vous m'écoutiez?...

SÉRAPHINE, *coiffant sa maîtresse.*

Non, mais je vous ai entendue.

ATHÉNAÏS.

Vous avez le talent d'entendre sans écouter; eh bien! ayez celui d'oublier.

SÉRAPHINE.

Voilà donc cette indifférence dont vous tiriez tant de vanité!... Vous aimez,... madame, vous aimez!...

ATHÉNAÏS.

Mais où prenez-vous cela? Vous êtes impatientante; moi, j'aimerais quelqu'un?... Que vous devinez juste!... Je fais trop de cas de ma liberté pour essayer cette folie. Approchez ce miroir,... arrangez un peu ma coiffure.

SERAPHINE.

Elle est fort bien, je n'y vois rien à reprendre,

et vous pouvez hardiment l'exposer à la critique.

ATHÉNAÏS.

Trouvez-vous?...

SÉRAPHINE.

Ces fleurs vous vont à ravir; vous êtes si jolie comme cela.

ATHÉNAÏS.

Eh bien! non je ne suis pas contente... Au reste ne vous imaginez pas que je sois coquette; je suis pour toutes ces choses d'une indifférence!... Donnez-moi cette rose.

SÉRAPHINE.

Excusez ma franchise. Quand je vois le soin que vous mettez à votre toilette, je soupçonnerais que vous voulez plaire.

ATHÉNAÏS.

Quelle idée!... Vous me fâcherez à la fin. Savez-vous bien que vous me dites une impertinence.

SÉRAPHINE.

Vous avez donc de grandes prétentions à l'originalité; car cette impertinence prétendue est l'histoire de toutes les femmes.

ATHÉNAÏS.

Sans vouloir être originale, on peut bien desirer de ne pas ressembler à toutes les femmes; il est bien agréable en effet de se voir confondue dans la foule! Je ne sais si je me trompe, mais je crois pouvoir aspirer à quelque chose de mieux.

SCÈNE V.

SÉRAPHINE.

Vous vous rendez justice; mais soyez persuadée que la personne la plus supérieure à son sexe n'est pourtant point étrangère à quelques unes de ses faiblesses,... et la coquetterie...

ATHÉNAÏS.

Est fort naturelle, j'en conviens... Si vous voulez, je suis coquette, et cela suffit pour vous faire comprendre que je n'ai pas d'amour.

SÉRAPHINE.

Rien n'est moins concluant: on commence par la coquetterie, on finit par l'amour: c'est la marche.

ATHÉNAÏS.

Je le veux; mais me croyez-vous d'âge à finir? n'ai-je pas encore au moins vingt ans devant moi? après cela nous verrons.

SÉRAPHINE.

Ah! madame,...c'est un thermomètre bien variable que le cœur des femmes; il ne connaît point de régle certaine. Malgré ma définition de la coquetterie et de l'amour, on commence souvent par la fin, et on finit souvent par le commencement.

ATHÉNAÏS.

Je vous crois trop pénétrante, Séraphine, pour vous cacher plus long-temps mon secret. Eh bien! oui, je l'avouerai, j'aime le duc de Montalvar.

SÉRAPHINE.

Je m'en serais doutée.

ATHÉNAÏS.

Comment!... j'en suis piquée au vif: j'avais cru mon sentiment impénétrable.

SÉRAPHINE.

Qu'y a-t-il d'impénétrable pour une femme de chambre?

ATHÉNAÏS.

Vous avez raison. Apprenez donc... ou plutôt confirmez-vous dans l'idée que le duc a su toucher mon cœur.

SÉRAPHINE.

S'il en est ainsi, pourquoi le tourmenter?... pourquoi le rendre malheureux? Son mérite a fait impression sur vous, le pauvre homme vous adore, et vous vous faites un malin plaisir de lui cacher votre sentiment.

ATHÉNAÏS.

Que voulez-vous? tel est mon caractère; je laisse tranquilles les gens qui me sont indifférents. Si je prends la peine de troubler le repos de quelqu'un, c'est de ma part une preuve d'attention. D'ailleurs, mettez-vous bien en tête que les hommes ont besoin d'un joug sévère; il faut tenir leur amour en respect, et ne pas souffrir qu'il s'endorme par un excès de confiance. Montrer toujours un visage riant à quelqu'un qui vous aime, c'est lui rendre trop facile une faveur qu'il doit mériter; mais le faire douter du sentiment qu'il inspire, le maintenir continuellement

SCÈNE V.

dans la crainte de déplaire, être sûre de le voir trembler sitôt qu'on adresse un mot à son voisin, le faire passer tour-à-tour de la terreur à l'espoir, de la confiance à l'abattement, éveiller enfin sa vigilance et sa jalousie; voilà, Séraphine, voilà le seul moyen de fixer un amant.

SÉRAPHINE.

Et de le rebuter.

ATHÉNAÏS.

Crainte frivole!... Le duc, par exemple, n'a-t-il pas besoin plus qu'un autre de mes leçons? Son extrême présomption ne justifie-t-elle point ma conduite? et lui, qui proclame à qui veut l'entendre l'empire des hommes sur les femmes, ne finirait-il point par voir son paradoxe justifié, si je ne faisais pas tous mes efforts pour le réfuter?

SÉRAPHINE.

Le jeu est dangereux, madame; prenez-y garde.

ATHÉNAÏS.

Aimez-vous mieux le ton mielleux de ma cousine? cette manière d'être toujours de l'avis du dernier qui parle, sur-tout quand c'est le duc qui vient d'achever une phrase. Croyez-vous que ce soit le véritable moyen d'inspirer de l'amour?

SÉRAPHINE.

Je ne sais pas si ce moyen est infaillible, mais il est peut-être moins hasardeux.

ATHÉNAÏS.

Cela se peut, mais je rougirais d'en faire usage ; d'ailleurs je n'ai pas une si grande envie d'épouser le duc... Cependant je n'en serais pas fâchée ; c'est un homme aimable, c'est l'aîné de ma maison, il est riche, il a une existence superbe... Fi donc! fi donc! je n'ai jamais songé à toutes ces bagatelles ; si je desire d'être unie à lui, c'est par des motifs plus désintéressés... S'il faut tout dire, je serais charmée de jouer ce tour à ma cousine ; elle le mérite, elle est trop persuadée de la supériorité de son esprit, elle se croit une adresse irrésistible. Eh bien! cela me choque... Ah! ah! ma chère cousine, nous verrons ; vous me croyez imprudente, maladroite ; je suis moins fausse que vous, mais vous n'êtes pas plus fine que moi.

SÉRAPHINE.

Doucement, la voici.

ATHÉNAÏS.

Arrive-t-elle avec cette mine composée, cet air de modestie orgueilleuse que nous lui connoissons si bien?

SÉRAPHINE.

Voulez-vous qu'elle vous entende?

ATHÉNAÏS.

Je ne demande pas mieux. Séraphine, faites ôter tout cela.

(*Séraphine sonne, des domestiques emportent la table et la toilette.*)

SCÈNE VI.

ATHÉNAIS, CALISTE.

CALISTE.

Bonjour, ma cousine : je ne m'attendais pas au plaisir de vous trouver ici; levée si matin, c'est un miracle!...

ATHÉNAÏS.

Le bonheur de vous rencontrer vaut bien qu'on le devine. Dans cette douce espérance, je me suis éveillée plus tôt qu'à l'ordinaire.

CALISTE.

Mon Dieu!... que vous êtes bonne!... vous m'attendiez; je suis d'une reconnaissance!... vous m'attendiez; vous n'attendiez que moi...

ATHÉNAÏS.

Que vous?... mais certainement!... Quelle est votre arrière-pensée?

CALISTE.

Moi, ma cousine, je n'en ai aucune, je vous assure.

ATHÉNAÏS.

En effet, vous êtes si sincère!...

CALISTE.

A ce que j'en puis juger par de grands exemples, le travail des arrières-pensées est trop fatigant; la dissimulation a encore un autre inconvénient, elle fausse l'esprit de ceux qui s'y livrent. Les gens accoutumés à feindre finissent par trouver des *arrières-pensées* dans les choses du monde les moins réfléchies.

ATHÉNAÏS.

Elles ont certainement grand tort. Par exemple, vous, ma cousine, vous qui êtes la simplicité même, vous ne voyez rien que d'innocent dans les méchancetés les plus évidentes.

CALISTE.

Je vous entends à merveille; mais si vous croyez me connaître, je vous connais à mon tour; je sais ce que vous prétendez...

ATHÉNAÏS.

Épouser le duc de Montalvar; est-ce là ce que vous voulez dire? Eh bien! je ne m'en cache pas, qu'y trouvez-vous de criminel?

CALISTE.

Rien du tout assurément... Ce but est fort légitime; mais on peut rougir de certains moyens quand on les voit employer par des personnes qui nous tiennent de près.

ATHÉNAÏS.

Les moyens!... Je n'en connais qu'un seul... c'est de plaire; employez-le, ma cousine, vous vous en trouverez fort bien.

SCÈNE VI.

CALISTE.

Oh! mon Dieu, madame, je me rends trop justice; plaire auprès d'une rivale comme vous!

ATHÉNAÏS.

Et pourquoi pas? essayez; cela viendra peut-être, ne vous découragez pas.

CALISTE.

Votre impertinence n'a plus de bornes.

ATHÉNAÏS.

Pourquoi voulez-vous que je mesure toutes mes paroles? Ne sommes-nous point parentes? Ne devons-nous pas parler sans apprêts, sans déguisements?...

CALISTE.

Cette confiance m'est bien précieuse... Mais que nous veut votre camériste? Ne peut-on mettre le pied hors de sa chambre sans être relancée par cette petite personne?

ATHÉNAÏS.

Qui sait? il se peut que Séraphine soit un espion, qu'elle me dénonce tout ce que vous faites.

CALISTE.

Vous dites peut-être plus vrai que vous ne voulez.

ATHÉNAÏS.

Chut! de la prudence!... voilà l'espion qui arrive.

SCÈNE VII.

ATHÉNAIS, CALISTE, SÉRAPHINE.

SÉRAPHINE.

Ah! madame, j'avais oublié de vous dire qu'un jeune homme voulait vous parler. Il m'a rappelé avec instance la promesse que je lui avais faite de l'introduire auprès de vous.

ATHÉNAÏS.

Et qu'est-ce que c'est que ce jeune homme?

SÉRAPHINE.

Un Français, un officier.

CALISTE.

Mais il est impossible qu'il entre.

ATHÉNAÏS.

Pourquoi donc? suis-je dans un couvent? Ne sommes-nous pas dans une belle *villa*, aux environs de Naples? Je ne crois pas que l'on doive y vivre comme les ermites du mont Cassin.

CALISTE.

Comment! vous feriez venir ici cet inconnu?

ATHÉNAÏS.

Je n'y vois point d'obstacle.

CALISTE.

Sans prévenir le duc?

ATHÉNAÏS.

Assurément.

SCÈNE VII.

CALISTE.

Y pensez-vous?... Ce serait d'une inconvenance!... Au reste, vous vous mettez au-dessus de tout. Un esprit supérieur peut-il obéir à des préjugés! Faire des avances à un homme!...

ATHÉNAÏS.

Des politesses ne sont pas des avances; vous devriez pourtant vous y connaître.

CALISTE.

A un homme qu'on n'a jamais vu! dont on ne sait pas même le nom.

SÉRAPHINE.

Si vous êtes curieuse de le savoir, madame, je puis vous satisfaire. Il se nomme M. de Fierval.

CALISTE

Je ne vous interroge pas!

ATHÉNAÏS.

M. de Fierval!... Je me rappelle ce nom. C'est ce jeune Français qui passe sa vie en Italie; je l'ai vu souvent à la cour. Faites-le entrer; je serai charmée de renouveler connaissance avec lui.

(*Séraphine sort; Athénaïs donne un coup d'œil à sa toilette.*)

SCÈNE VIII.

ATHÉNAIS, CALISTE.

CALISTE, *à part*.

Quelle conduite déplacée!... Au fond, j'en suis charmée; elle se perdra auprès de Montalvar. Allons le chercher.

ATHÉNAÏS.

Je parie que ma chère cousine est allée chercher le duc; j'en suis enchantée. Un peu de coquetterie d'un côté, beaucoup de jalousie de l'autre, et tout ira le mieux du monde.

SCÈNE IX.

ATHÉNAIS, FIERVAL, SÉRAPHINE.

SÉRAPHINE.

Madame, voilà le jeune officier français que je vous ai annoncé.

FIERVAL.

Je ne sais, madame, si une démarche aussi indiscrète ne vous paraîtra pas trop audacieuse : j'en ai bien eu quelques remords; mais j'avoue franchement que le bonheur de vous voir me les fait oublier.

SCÈNE IX.

ATHÉNAÏS.

Mon Dieu! monsieur, vous avez une politesse trop timide; il n'y a aucune audace dans votre procédé: je n'y vois que de l'obligeance, et je m'empresse de vous exprimer toute la reconnaissance qu'elle m'inspire.

FIERVAL.

Ce n'est pas la première fois que je vous admire, madame: j'ai eu l'honneur de danser souvent avec vous dans les grands bals de la cour. Il est bien naturel que j'en garde un souvenir ineffaçable; il est tout simple aussi que vous l'ayez oublié.

ATHÉNAÏS.

Quelle opinion avez-vous donc de ma mémoire? On est forcé quelquefois de se rappeler en même temps des choses agréables et des événements fâcheux; mais si l'on choisissait ses souvenirs, je n'aurais pas rejeté celui que vous me rappelez.

FIERVAL.

Vous me comblez, madame... Je vous vois ici dans des lieux dignes de vous. Les beaux jardins! le magnifique palais! Si tous les mauvais poëtes ne s'étaient pas déja emparés très gauchement des admirables fictions du Tasse, je vous comparerais à Armide dans son séjour enchanté.

ATHÉNAÏS.

Vous avez bien raison de ne pas trouver neuf ce brillant parallèle. Je me vois obligée de vous dire qu'on m'a déja comparée à Armide, dans une trentaine de sonnets italiens qui m'ont été adressés par les plus mauvais poëtes des Deux-Siciles.

FIERVAL.

Si ces gens-là avaient eu le talent d'exprimer l'admiration que vous leur avez inspirée, ils seraient les meilleurs poëtes de l'Europe, car ils auraient réconcilié la poésie avec la vérité.

ATHÉNAÏS.

Vous croyez donc la vérité brouillée avec les muses?... ce serait dommage... Je garde dans ma cassette une vingtaine de madrigaux français, espagnols, et italiens, qui m'ont toujours paru fort sincères, et que je serais fâchée de prendre pour des fictions.

FIERVAL.

L'éloge ne peut être une fiction lorsqu'il s'agit de vous; et puisque vous accueillez avec tant de bonté les vers de vos admirateurs, je prendrai la liberté de mettre à vos pieds une romance que je viens de faire en me promenant dans ce délicieux jardin.

ATHÉNAÏS.

Je serais ravie de l'entendre! Une sérénade à l'espagnole! c'est une attention charmante! Il ne s'agit plus que de choisir le moment favorable.

SCÈNE X.

ATHÉNAIS, FIERVAL, LE DUC DE MONTALVAR, CALISTE, *dans le fond du théâtre.*

CALISTE.

Vous ne voulez pas me croire!... les voilà... je m'enfuis!...

(*Elle s'échappe sans être aperçue.*)

MONTALVAR.

Caliste m'a dit vrai!... Quelle trahison! Approchons, et tâchons de nous contenir.

ATHÉNAÏS, *l'apercevant.*

Ah!...

MONTALVAR.

Vous ne m'attendiez pas, madame!...

ATHÉNAÏS.

Qui? moi? monsieur le duc!... Je ne vous attendais pas précisément; mais je suis toujours charmée de vous voir.

MONTALVAR, *à part.*

Quel ton léger!...

ATHÉNAÏS.

A propos, je veux vous présenter quelqu'un que j'ai beaucoup vu à Naples : un jeune officier français, M. de Fierval.

FIERVAL.

Monsieur le duc, je suis très flatté...

MONTALVAR.

Enchanté de vous voir, monsieur, enchanté de vous voir. (*à part.*) J'étouffe de jalousie.

ATHÉNAÏS.

Vous n'en pouvez pas être plus enchanté que moi!... Quand j'ai revu le chevalier, j'ai éprouvé une joie!...

FIERVAL.

Je suis pénétré...

MONTALVAR.

Je conçois que vous ayez trouvé du plaisir à revoir monsieur; mais de la joie!... c'est trop fort : il n'est ni votre frère, ni votre parent, ni...

ATHÉNAÏS.

On est toujours charmé de renouveler connaissance avec un homme aimable.

(*Athénaïs parle bas à Fierval.*)

MONTALVAR, *à part.*

Me dire cela d'un air si froid, si indifférent! J'éprouve une fureur!... Elle le mène vers le bosquet de roses; elle lui parle bas!... Quelle coquetterie!... quelle trahison!... Je suis outré!... (*avec colère.*) Monsieur, monsieur!

FIERVAL.

Monsieur le duc?

SCÈNE X.

MONTALVAR, *se contraignant.*

Monsieur, comptez-vous rester long-temps en Italie?

FIERVAL.

Mais le plus long-temps que je pourrai.

ATHÉNAÏS.

C'est bien aimable à vous; j'espère que vous le pourrez toujours.

MONTALVAR.

Ce pays a donc un grand attrait pour vous?

FIERVAL.

Pouvez-vous me faire cette question ici?...

ATHÉNAÏS.

Devant moi?... C'est l'exposer à manquer de galanterie, ou à médire des dames françaises.

MONTALVAR.

Elles sont charmantes... les Françaises.

ATHÉNAÏS.

Ah! vous avez donc un faible pour elles?...

MONTALVAR.

Elles ne sont pas coquettes comme nos Italiennes.

ATHÉNAÏS.

Vous croyez?... Vous les connaissez à merveille.

MONTALVAR.

Elles n'ont pas continuellement ce désir effréné de plaire sans discernement et sans choix! ce caquetage prétentieux et inintelligible, cette coquetterie...

ATHÉNAÏS.

Tout comme nous : la coquetterie est de tous les pays ; c'est la chose du monde la plus naturelle.

MONTALVAR.

C'est le fléau de la société.

FIERVAL, *bas à Séraphine.*

Il est jaloux !... tant mieux ! cela m'amuse.

SÉRAPHINE, *bas à Fierval.*

Oui, mais gare le stylet.

FIERVAL, *toujours bas à Séraphine.*

J'y ai échappé onze fois, j'y échapperai bien la douzième.

MONTALVAR.

Monsieur, quel hasard me procure l'honneur de vous voir dans mon château?

FIERVAL.

Monsieur, c'est un secret ; excusez-moi de ne pouvoir vous l'apprendre...

MONTALVAR.

Comment donc? Je pense que j'ai le droit...

ATHÉNAÏS.

De lui demander une chose qu'il ne m'a pas confiée, même à moi...

FIERVAL.

Au reste, puisque vous voulez absolument que je vous expose un de mes motifs... Le bonheur de rencontrer madame...

SCÈNE X.

MONTALVAR.

Ah!... c'est un des motifs qui vous amènent chez moi. Aurai-je le plaisir de vous y retenir long-temps?

FIERVAL.

Tant que vous voudrez, monsieur le duc.

MONTALVAR.

Quoi! vous n'êtes point pressé?...

FIERVAL.

Nullement.

MONTALVAR.

Aucune affaire ne hâte votre départ?...

FIERVAL.

Aucune.

MONTALVAR.

Et vous pourriez demeurer ici, par exemple, six mois?...

FIERVAL.

Un an.

MONTALVAR.

Un an!...

FIERVAL.

Et même deux.

MONTALVAR.

Deux ans, monsieur!... deux ans dans mon château!

SÉRAPHINE, *à Athénaïs.*

Madame, le duc est pâle de colère!...... termi-

nez cette conversation; prévenez un malheur......
ATHÉNAÏS, *à Séraphine.*

Ne craignez rien. (*à Fierval.*) M. de Fierval, vous devez être fatigué... Vous avez besoin de repos.

FIERVAL.

Point du tout, je vous assure.

ATHÉNAÏS.

Si fait, si fait !... L'altération de vos traits, votre air de lassitude... Oui, vous avez besoin de vous reposer un peu; si M. le duc de Montalvar le permet, Séraphine ira dire au majordome de vous conduire à votre appartement... N'est-ce pas, monsieur le duc?... Allez, Séraphine.

(*Fierval sort après avoir salué Athénaïs et le duc.*)

SCÈNE XI.

ATHÉNAIS, MONTALVAR.

ATHÉNAÏS.

Vous sortez, monsieur?... Demeurez.

MONTALVAR.

Que me voulez-vous? Pourquoi me retenir? Je suis d'une colère...

ATHÉNAÏS.

J'ai beaucoup de choses à vous dire; mais, avant de vous adresser une seule parole, j'exige que vous quittiez cet air fâché, cette mine rébarbative.

SCÈNE XI.

MONTALVAR.

Vous exigez?... vous exigez?... Mais, après ce qui s'est passé, avez-vous le droit de me demander quelque chose?

ATHÉNAÏS.

Toute femme a le droit de demander un peu de politesse; sans compter que la colère vous sied fort mal et vous enlaidit prodigieusement, elle ressemble à de la malhonnêteté : c'est pourquoi je vous prie de m'écouter attentivement.

MONTALVAR.

Vous le prenez sur un ton bien extraordinaire.

ATHÉNAÏS.

Si vous êtes encore furieux, je m'en vais.

MONTALVAR.

Eh bien! je vous écoute. Qu'avez-vous à me dire?

ATHÉNAÏS.

J'ai à vous dire que vous avez perdu l'esprit; vos emportements sont ridicules et insensés. A-t-on jamais vu quelqu'un se conduire comme vous le faites? Recevoir de la manière la plus choquante un étranger distingué, qui veut bien venir dans votre château, un homme que je vous présente!

MONTALVAR.

Un homme qui se déclare publiquement mon rival, et dont vous encouragez la prétention.

ATHÉNAÏS.

Vous emporter contre lui, devant moi!

MONTALVAR.

Lui faire mille avances sous mes yeux!...

ATHÉNAÏS.

Aller, peu s'en faut, jusqu'à la menace!

MONTALVAR.

L'engager à passer un an dans mon château!

ATHÉNAÏS.

Tous ces torts, monsieur...

MONTALVAR.

Toutes ces façons d'agir, madame...

ATHÉNAÏS.

Me laisserez-vous parler?... Tous ces torts sont insoutenables; et, pour les expier, il ne vous reste plus que la ressource de m'en demander pardon.

MONTALVAR.

Comment! vous demander pardon des affronts que vous me forcez d'endurer! Cette mauvaise plaisanterie...

ATHÉNAÏS.

Ce n'est point une plaisanterie; et si, par un prompt repentir, vous ne réparez pas sur-le-champ votre étrange conduite, je fais mettre mes chevaux, et je pars pour Naples.

MONTALVAR.

Eh bien! partez, madame, partez. Vous croyez m'intimider, me séduire.

SCÈNE XI.

ATHÉNAÏS.

Quelle idée! Je n'en ai jamais pris la peine. Si je vous ai séduit, ce n'est pas ma faute.

MONTALVAR.

Vous croyez m'imposer silence par votre persiflage; mais je ne suis pas aveugle, je vois ce qui en est : l'affection sincère d'un seul homme ne saurait vous suffire; vous voulez enflammer tous les cœurs pour les rejeter tous également. Ce manége peut être fort agréable, fort amusant; mais je ne me sens pas le courage de m'y prêter. J'ai, Dieu merci, trop de sens, trop de discernement pour ne pas démêler les piéges que me tend la coquetterie; trop de prudence pour ne pas les éviter; trop de fermeté dans le caractère pour ne pas briser une chaîne formée d'un côté par l'amour le plus vrai, le plus sincère, de l'autre par l'artifice, la dissimulation, et la vanité.

ATHÉNAÏS.

Voilà un fort joli parallèle : vous repoussez mon portrait dans l'ombre, et vous vous peignez en beau; c'est la manie de tous les peintres. Apprenez, mon cher cousin, que votre extrême présomption est la source de tous vos tourments... La simplicité provoque la confiance; la vanité l'éloigne, et rend l'artifice nécessaire : c'est une arme défensive à l'usage des femmes. Quand on voit un homme gonflé de suffisance, persuadé de sa supériorité, plein de mépris pour les faiblesses d'autrui; un homme qui porte l'orgueil jusque dans l'amour, quelque sentiment qu'il inspire, comment résister au plaisir de rabattre, d'humilier la bonne opinion qu'il a de lui-même, de troubler son impertinente sécurité par un peu de jalousie? Au reste, ne vous en plaignez pas : l'amour a besoin de la jalousie : elle le réveille.

MONTALVAR.

Ah! cruelle Athénaïs, vous n'en parleriez pas avec ce ton léger, si vous saviez combien la jalousie fait souffrir. Non, jamais une femme qui aime véritablement ne cherche à provoquer cette funeste passion. Il faut être bien insensible ou bien barbare pour se faire un jeu du supplice d'un amant!... car, enfin, c'est le faire mourir!

ATHÉNAÏS.

Vous avez beau dire, je n'aurai jamais la moindre pitié de la jalousie; ce n'est pas un mal d'amour, mais un mal d'amour-propre. Qu'est-ce qu'un jaloux? un être plein de vanité, qui ne peut pas comprendre qu'on lui en préfère un autre. Que la coquetterie est différente! faire des frais à des gens dont on ne se soucie point, en présence d'un homme que l'on aime, c'est lui donner la plus grande preuve de tendresse.

MONTALVAR.

Comment l'entendez-vous?

SCÈNE XI.

ATHÉNAÏS.

C'est lui prouver qu'on est toujours dans l'inquiétude de perdre son cœur; que l'on rêve continuellement au moyen de le conserver; que, pour prévenir son indifférence, on peut se résoudre aux choses du monde les moins agréables. Par exemple, qu'y a-t-il de plus fatigant que de témoigner de l'intérêt à une personne indifférente? Si l'on n'avait point un but indiqué par l'amour, comment pourrait-on prendre sur soi d'écouter les compliments d'une foule de jeunes fous sans agrément et sans esprit? Reconnaissez un effort de tendresse dans ce qui fait l'objet de votre chagrin; et si j'ai pu me résoudre à parler d'une manière obligeante à ce jeune Français, sachez-moi gré d'une démarche aussi pénible que méritoire.

MONTALVAR.

Je voudrais me persuader ce que vous me dites, mais je n'en viens pas à bout.

ATHÉNAÏS.

Mon cher duc, pourquoi vous tourmenter? Vous savez bien que je vous aime.

MONTALVAR.

Ah! si je le croyais!

ATHÉNAÏS.

Sérieusement, vous ne sauriez en douter. Allons, donnez-moi la main, et faisons la paix.

MONTALVAR.

Que ne me parlez-vous toujours ainsi, je serais le plus heureux des hommes.

ATHÉNAÏS.

Vous ne m'en voulez plus?

MONTALVAR.

Chère Athénaïs, pourquoi me le demander? Votre sourire ne dissiperait-il pas tous les nuages?

ATHÉNAÏS.

Avouez vos torts.

MONTALVAR.

Je ne m'en connais pas précisément... Il y aurait beaucoup de choses à dire là-dessus.

ATHÉNAÏS.

Fi donc! exécutez-vous de bonne grace.

MONTALVAR.

Eh bien, oui, j'avoue que j'ai tort... Je vous en demande pardon... Je me suis conduit comme un brutal, comme un emporté, comme... Mais pardonnez-moi; mon cœur vaut mieux que ma tête... J'implore ma grace à genoux.

SCÈNE XII.

Les précédents, CALISTE, SÉRAPHINE.

CALISTE, *dans le fond.*

J'arrive bien... l'instant est favorable; sans doute ils sont déja brouillés... Que vois-je?...

SCÈNE XII.

MONTALVAR.

Approchez, ma chère Caliste, approchez; votre amitié pour moi vous avait trompé:... vous craigniez que je ne fusse trahi...

ATHÉNAÏS.

Comment, Caliste, c'est donc à vous que je dois les soupçons de mon cousin?

MONTALVAR.

Ne la grondez pas; c'est par excès de zéle, d'amitié.

CALISTE.

Vous êtes donc tout-à-fait désabusé?

MONTALVAR.

Entièrement... Il est vrai qu'Athénaïs a parlé à ce jeune Français,... elle a même été en grande coquetterie avec lui;... mais elle n'a pu se résoudre à tout cela que dans mon intérêt... Je vous l'expliquerai tantôt plus clairement.

CALISTE, *à part.*

L'imbécile! avec tout son esprit... (*haut.*) Permettez, ma cousine, que je vous félicite de votre adresse.

ATHÉNAÏS.

De mon adresse!... Il n'y en a'point dans la simplicité; j'ai agi tout naturellement.

MONTALVAR.

Ah! c'est bien vrai!... Athénaïs a un naturel qui

LE POUVOIR D'UNE FEMME.

m'enchante : elle ne peut rien cacher de ce qu'elle pense... Enfin, ma chère Caliste, vous me voyez plus amoureux que jamais.

ATHÉNAÏS.

Vous en étonnez-vous?

CALISTE.

Point du tout : je m'étonnerais plutôt du contraire. Vos talents,... vos charmes..

MONTALVAR.

Oh! vous avez bien raison!... rien n'égale le charme d'Athénaïs; cet air de bonheur répandu sur son visage, ce sourire enchanteur, cette grace qu'elle met aux moindres choses; cette taille, cette démarche, cette voix,... tout cela me jette dans un ravissement inexprimable!... Je l'adore quand elle me rebute; jugez de tout ce que j'éprouve lorsqu'elle me dit qu'elle m'aime... Ah! quelque juste défiance que doive m'inspirer un si grand bonheur, je ne résiste pas au plaisir d'y croire... Vous me dites que vous m'aimez, charmante Athénaïs,... vous me trompez peut-être;... eh bien!... trompez-moi; cette erreur m'est trop chère pour que j'y renonce;... mais, non, vous ne me trompez pas!... Vous seriez bien ingrate de ne pas m'aimer! Qu'exigez-vous? mon sang, ma vie... ils sont à vous, Athénaïs. Ne retardez pas plus long-temps ma félicité; acceptez mon cœur et ma main!...

SCÈNE XII.

ATHÉNAÏS.

J'éprouve un trouble délicieux.

CALISTE.

Je me trouve mal...

SÉRAPHINE, *à Athénaïs.*

Quoi, madame, vous n'êtes pas touchée?...

ATHÉNAÏS, *à Séraphine.*

Je suis très touchée, mais je combats ma faiblesse : on ne doit pas se rendre si facilement; il ne faut pas gâter les gens qui nous aiment.

SÉRAPHINE, *à part.*

Maudite coquetterie!...

ATHÉNAÏS.

Mon cher duc, vous me pénétrez de reconnaissance... Je voudrais pouvoir accepter votre proposition sur-le-champ...

MONTALVAR.

Comment! vous y mettez obstacle?

CALISTE, *à part.*

Elle se perd, je respire.

ATHÉNAÏS.

Laissez-moi, je vous prie, le temps de réfléchir un peu;... la violence de votre caractère m'effraie.

MONTALVAR.

Athénaïs,... vous me faites la plus vive peine.

ATHÉNAÏS.

Montrez un peu de complaisance.

MONTALVAR.

Et pourquoi ce retard?

ATHÉNAÏS.

Si vous m'aimez véritablement, soumettez-vous aux épreuves que je vous impose.

MONTALVAR.

Eh bien!... il y faut consentir;... malgré votre hésitation je suis au comble du bonheur!... Adieu, je vous quitte,... réfléchissez, puisque vous le voulez absolument... Holà, quelqu'un.

UN VALET DE CHAMBRE.

Monseigneur.

MONTALVAR.

Dites à mon majordome de passer sur-le-champ chez moi, j'ai à lui parler...

LE VALET DE CHAMBRE.

Oui, monseigneur.

SCÈNE XIII.

CALISTE, ATHÉNAIS.

CALISTE, à *Athénaïs*.

Madame la duchesse de Montalvar veut-elle bien recevoir mes compliments?...

ATHÉNAÏS.

De tout mon cœur, madame, de tout mon cœur.

(*Elle l'embrasse.*)

CALISTE.

Sortons, je ne puis plus y tenir!

SCÈNE XIV.

ATHÉNAIS, SÉRAPHINE.

ATHÉNAÏS.

Eh bien,... Séraphine?

SERAPHINE.

Je vous admire, madame, mais je ne vous conçois pas... Est-il possible! au moment où le duc est à vos pieds, où il vous presse de l'épouser, vous retardez une alliance que vous souhaitez vous-même, et vous mettez son amour à une nouvelle épreuve. Quelle est votre pensée?...

ATHÉNAÏS.

Je veux profiter de tous mes avantages. Comment! le duc aura été sur le point de briser ses chaînes, et je lui accorderais ma main à sa première demande! Non, non, je veux le punir de ses emportements; il n'y perdra rien, mais il attendra.

SÉRAPHINE.

Ah! madame, pourquoi toutes ces finesses?... on gagne toujours à se conduire simplement. Les finesses sont des filets perfides; on veut les tendre à son prochain, on y est pris soi-même.

ATHÉNAÏS.

Séraphine!... vous n'entendez rien à tout cela.

Vous me donnez un joli conseil : vous voulez que j'accorde tout sans difficulté, sans résistance!...... je n'en ferai rien. Sachez qu'il y va de ma gloire.

SÉRAPHINE.

Je vous le demande encore, que prétendez-vous faire?

ATHÉNAÏS.

Je veux désespérer le duc deux ou trois fois, et lui faire grace au moment où il s'y attendra le moins.

SÉRAPHINE.

Quoi! vous n'êtes pas touchée de sa soumission, de son humilité? Quand je songe à tout ce qu'il vous a dit, j'en ai encore les larmes aux yeux.

ATHÉNAÏS.

J'ai plus de fermeté que vous.

SÉRAPHINE.

Vous avez un cœur de roche.

ATHÉNAÏS.

J'aime les routes difficiles.

SÉRAPHINE.

Souvent elles égarent.

ATHÉNAÏS.

Qu'ai-je à craindre? mon pouvoir sur le cœur du duc n'est-il pas bien établi?

SÉRAPHINE.

Assurément; mais il serait dangereux d'en abuser.

SCÈNE XIV.

ATHÉNAÏS.

Ma chère, vous avez beau dire, mon parti est pris:... j'ai assez d'ascendant sur Montalvar pour lui faire encore quelques bonnes querelles; le repentir viendra plus tard, ensuite le raccommodement, et soyez sûre que, loin de l'affaiblir, toutes ces phases de l'amour assurent l'autorité des femmes. Je puis tout entreprendre, tout me réussira.

SÉRAPHINE.

Madame, je connais votre adresse; je ne doute pas que vous ne réussissiez... Mais quand même vous auriez la certitude du succès, comment avez-vous le courage d'employer d'aussi cruels moyens?

ATHÉNAÏS.

Il y a des maladies qu'on ne peut guérir qu'avec le fer et le feu.

SÉRAPHINE.

Le remède est violent!

ATHÉNAÏS.

Mais indispensable.

SCÈNE XV.

ATHÉNAIS, SÉRAPHINE, ZERBINI, DOMESTIQUES, JARDINIERS DU CHATEAU.

ZERBINI, *aux domestiques.*

Des lampions rouges par ici... le transparent avec

la lettre A en feu de Bengale sur la façade du château... le feu d'artifice dans le fond du jardin... de l'attention, de l'ensemble, et la plus grande promptitude... Ah! mon Dieu, que je suis maladroit!.. madame étoit ici, elle aura tout entendu.

ATHÉNAÏS.

Qu'est-ce que c'est donc que tout cela, Zerbini? Quels sont ces préparatifs?

ZERBINI.

Madame, je ne puis pas vous le dire; en conscience je ne le puis pas.

ATHÉNAÏS.

Expliquez-vous, expliquez-vous, et ne me faites pas attendre.

ZERBINI.

Ma discrétion ordinaire... et les ordres que l'on m'a donnés...

ATHÉNAÏS.

Les ordres que l'on a vous donnés!... vous redoublez ma curiosité.

ZERBINI.

Au nom du ciel, madame, ne m'interrogez point.

ATHÉNAÏS.

Si fait!... répondez, je le veux.

ZERBINI, *à part*.

Il faut bien tout dire; il vaut mieux désobéir à monseigneur qu'à elle.

SCÈNE XV.

ATHÉNAÏS.

Eh bien! monsieur Zerbini, avez-vous fait vos petites réflexions?

ZERBINI.

Oui, madame.

ATHÉNAÏS.

Oserait-on vous en demander le résultat?

ZERBINI.

C'est de ne vous rien cacher.

ATHÉNAÏS.

Voilà qui est bien...

ZERBINI.

Vous saurez donc, madame, que M. le duc est sorti enchanté.

ATHÉNAÏS.

Vous ne m'apprenez rien de nouveau. Passons.

ZERBINI.

Il disait avec un air de joie: Je suis le plus heureux des hommes!... encore quelques instants je suis au comble de mes vœux; puis il vous nommait, il s'écriait: Athénaïs!... ma chère Athénaïs!

ATHÉNAÏS

Ah! il disait cela?... Vous le voyez, Séraphine, le duc est plus épris que jamais; c'est le moment décisif.

ZERBINI.

Zerbini, m'a-t-il dit ensuite, je veux que le jardin soit illuminé ce soir... Ce soir, monseigneur?... nous n'aurons pas le temps... Arrangez-vous comme il vous plaira, mais je l'ai résolu... Puisque monseigneur l'a résolu... Vous mettrez des lampions par-tout; vous ferez faire aussi dans l'instant un beau transparent avec un grand A au milieu... Monseigneur, où le prendre?...Arrangez-vous:...vous ordonnerez un feu d'artifice au bout de l'avenue... Mais, monseigneur... Arrangez-vous, arrangez-vous... Je n'ai pas pu le tirer de là; et quoique je sois très discret, je vous dirai en confidence que c'est une fête qu'il vous donne, une surprise qu'il vous prépare.

ATHÉNAÏS, *ironiquement*.

Je ne m'en serais pas doutée...

ZERBINI.

Voilà justement les lampions que l'on apporte...

ATHÉNAÏS.

Faites-les remporter.

ZERBINI.

Comment?

ATHÉNAÏS.

Je ne veux pas de cette fête:... je ne suis pas disposée aujourd'hui.

ZERBINI.

Ah, madame, vous me perdez... Quand monseigneur saura que je vous ai préparée à la surprise qu'il voulait vous faire...

ATHÉNAÏS.

Je prends tout sur moi... (*aux domestiques.*) Vous,

SCÈNE XV.

sortez; et vous, Zerbini, je vous charge d'annoncer au duc que je ne suis pas visible ce soir... Dites-lui que je suis souffrante, que j'ai des vapeurs; enfin dites-lui tout ce que vous voudrez, et laissez-moi.

ZERBINI.

Mon Dieu! que vais-je devenir?

SCÈNE XVI.

ATHÉNAIS, SÉRAPHINE.

SÉRAPHINE.

Ah, madame! le duc sera outré.

ATHÉNAÏS.

Tant mieux, Séraphine... Il me vient une idée.

SÉRAPHINE.

Qu'est-ce donc? (*à part.*) Quelque nouvelle folie.

ATHÉNAÏS.

Fierval n'a-t-il pas fait une romance en mon honneur?

SÉRAPHINE.

Il vous l'a dit tout-à-l'heure.

ATHÉNAÏS.

Ne devait-il pas me donner un concert, une sérénade?

SÉRAPHINE.

En effet...

ATHÉNAÏS.

Rien de mieux ! c'est charmant ; allez trouver M. de Fierval.

SÉRAPHINE.

Y pensez-vous ?

ATHÉNAÏS.

Dites-lui que j'aime beaucoup la musique, les sérénades à l'espagnole...

SÉRAPHINE.

Et puis ?

ATHÉNAÏS.

Que je suis impatiente d'entendre sa romance, et que je le prie de me la chanter sur-le-champ.

SÉRAPHINE.

Ici ?

ATHÉNAÏS.

Ici même ; moi, je me mettrai dans ce pavillon, il saura que je l'écoute.

SÉRAPHINE.

Madame, je ne puis plus me taire, malgré le respect que je vous dois : vous perdez la tête.

ATHÉNAÏS.

Nullement. Exécutez de point en point ce que je vous ordonne, et faites en sorte que le duc nous surprenne au milieu de la sérénade.

SÉRAPHINE.

Quelle femme ! où veut-elle en venir ?

SCÈNE XVII.

ATHÉNAIS, *seule.*

Ce que je fais a bien l'air d'une imprudence !... J'aurais envie de me la reprocher !... Pourquoi donc? Qu'y a-t-il à craindre lorsqu'on agit à coup sûr?... Oui, mais il y a de la dureté, de l'insensibilité dans mon procédé... Quelle idée !... Je m'amuse, et voilà tout... Il fait déja sombre, j'entends du bruit... C'est sans doute Fierval... C'est lui ; cachons-nous.

SCÈNE XVIII.

ATHÉNAIS, *cachée dans le pavillon ;* SÉRAPHINE ; FIERVAL, *portant une guitare.*

FIERVAL.
Quoi ! serait-il vrai ?...
SÉRAPHINE.
Rien n'est plus certain ; elle est là dans ce pavillon, elle va vous écouter.
FIERVAL.
Que je t'embrasse, ma petite Séraphine, pour cette excellente nouvelle !...
SÉRAPHINE.
Attendez un peu, il faut que j'aille la prévenir.

FIERVAL.

Une conversation... un Italien jaloux... une sérénade... et tout cela dès le premier jour! Ma foi je ne suis pas à plaindre; accordons un peu ma guitare.

SÉRAPHINE.

Madame, il est là...

ATHÉNAÏS, *entr'ouvrant la porte.*

C'est bon. Maintenant allez trouver le duc; dites-lui que j'ai fait venir Fierval... enfin dénoncez-moi.

SÉRAPHINE.

Mais, madame, songez-vous bien?...

ATHÉNAÏS.

J'ai songé à tout.

SCÈNE XIX.

FIERVAL; ATHÉNAIS, *cachée.*

FIERVAL.

Allons, du sentiment, de la mélancolie!... une voix touchante... quelque chose qui aille au cœur : *Dolce cantar che nell' anima si sente.* Hem! hem!

ROMANCE.

Mortels, dont la gloire est l'idole,
Vous que l'orgueil tient sous ses lois,
Et qui, dans un éclat frivole,
Cherchez le prix de vos exploits,

SCÈNE XIX.

Courez, saisissez la victoire,
Mes yeux n'en sont pas éblouis;
Mon espoir, mon bonheur, ma gloire,
C'est un regard d'Athénaïs.

D'un avenir sombre et funeste
Souvent mon esprit est troublé;
Je fuis le jour que je déteste,
Et mon cœur gémit accablé.
Eh bien! les maux où je succombe
Soudain sont tous évanouis,
Dès que sur moi s'abaisse et tombe
Un doux regard d'Athénaïs.

Qu'ai-je dit?... hélas! de ce rêve
Craignons le charme suborneur!
Ah! le destin cruel m'enlève
Jusqu'à cette ombre de bonheur.
Moi former un vœu téméraire,
Quand j'ai vu tous mes vœux trahis!
Non, non, c'est en vain que j'espère
Un seul regard d'Athénaïs.

SCÈNE XX.

ATHÉNAIS, *cachée;* FIERVAL, *sur le devant du théâtre;* SÉRAPHINE, MONTALVAR, CALISTE.

MONTALVAR.

Ingrate Athénaïs!... Oui, Séraphine, tu m'as dit vrai!... Le voilà en effet!... J'ai donc été la dupe de l'artifice ; ce que je prenais pour de la sensibilité n'était donc que de la ruse !... O les femmes ! les femmes !...

CALISTE.

Elles ne sont pas toutes de ce caractère.

SÉRAPHINE.

Il va enfoncer les portes !... il va tout briser !... J'ai une peur !

FIERVAL.

Encore le duc ! il ne manque rien à mon aventure.

MONTALVAR, *ouvrant la porte du pavillon.*

Madame, auriez-vous la bonté de m'accorder un moment d'audience ?...

ATHÉNAÏS, *jouant la surprise.*

Quoi ! monsieur le duc, c'est vous ?...

MONTALVAR.

Oui, madame.

ATHÉNAÏS, *à part.*

Il a l'air bien tranquille !...

MONTALVAR, *froidement.*

Madame, je vois avec chagrin que je ne dois plus compter sur votre attachement, puisque dans le moment même où vous m'en donniez l'assurance vous méditiez la plus noire trahison !...

SCÈNE XX.

ATHÉNAÏS, *à part.*

Ce calme me confond. (*haut.*) Comment, monsieur, vous prétendez?...

MONTALVAR.

Veuillez ne point m'interrompre. Je ne me plains pas de votre peu d'affection pour moi; des sentiments de ce genre ne sauraient se commander : je ne me plains que des fausses espérances dont vous avez si long-temps entretenu mon amour!... Cet amour était trop véritable pour ne pas croire à la sincérité du vôtre... Maintenant je suis désabusé et désabusé pour toujours. Je serai charmé de garder avec vous des relations de parenté, de société, de simple connaissance... Les sentiments plus doux nous sont désormais interdits, et je vais former des liens qui doivent en effacer jusqu'au plus léger souvenir.

FIERVAL.

Voilà qui devient sérieux.

CALISTE, *à part.*

Que va-t-il annoncer?

ATHÉNAÏS.

Monsieur... je le vois, vous êtes en courroux?...

MONTALVAR.

Qui? moi, madame? je suis très calme!...... et, comme il ne doit plus subsister entre nous aucun nuage, je vous prie de m'aider à faire les honneurs d'une fête que je dois donner incessamment pour célébrer mon mariage avec votre cousine.

ATHÉNAÏS.

Ah! monsieur...

CALISTE, *avec une joie mal déguisée.*

Elle pâlit...

MONTALVAR, *faisant un effort sur lui-même.*

M. de Fierval est excellent musicien; j'espère qu'il voudra bien chanter à mes noces quelque romance allégorique.

FIERVAL.

Tant qu'il vous plaira... monsieur le duc... avec la permission de madame!

MONTALVAR, *bas, à Fierval.*

Ici... dans une demi-heure... j'y serai...

FIERVAL, *bas, à Montalvar.*

Je vous entends... Ma montre est excellente, je ne me tromperai pas d'une seconde. (*à Athénaïs.*) Madame...

ATHÉNAÏS.

Sortez... vous m'êtes insupportable.

FIERVAL, *à part.*

L'accueil est flatteur! il est plus honnête de me tirer de là jusqu'au moment désigné... il me paraîtra un peu long.

(*Il sort.*)

ATHÉNAÏS, *à Séraphine.*

Je ne puis cacher mon étonnement, mon trou-

SCÈNE XX.

ble... je ne m'attendais pas à sa froideur!.. N'en témoignons rien. (*à Montalvar avec émotion.*) Certainement... j'aurai le plaisir... d'assister... au mariage de ma cousine... de vous aider à faire les préparatifs... (*à part.*) Sortons... sortons... Qu'ai-je fait... ô ciel!... me serais-je trompée!... Non... non... il est toujours à moi!...

(*Athénaïs et Séraphine se retirent précipitamment.*)

SCÈNE XXI.

MONTALVAR, CALISTE.

MONTALVAR.

Elle est sortie toute pâle! Caliste, ne craignez-vous pas pour elle?

CALISTE.

Non, mon cher duc; soyez tranquille! elle sera bientôt remise quand elle verra qu'il n'y a plus rien à espérer.

MONTALVAR.

Vous croyez donc que c'est un nouvel artifice?

CALISTE.

En doutez-vous?

MONTALVAR.

Eh bien! oui, vous avez raison! mais c'est peine perdue; son procédé a fait trop d'impression sur moi pour que je le lui pardonne jamais.

CALISTE.

Oubliez-la; c'est ce que vous avez de mieux à faire.

MONTALVAR.

Certainement je veux l'oublier!... je le veux, je le dois!... méditer la trahison au moment où j'étais à ses pieds!...

CALISTE.

C'est une indignité, c'est une horreur, n'en parlons plus.

MONTALVAR.

Me faire dire qu'elle n'est pas visible! qu'elle est souffrante! et pendant ce temps-là donner un rendez-vous à ce Français!

CALISTE.

Vous ne parlez que d'elle!... Vous en êtes vraiment très occupé.

MONTALVAR.

Moi? non, je n'y songe pas! je ne songe qu'à vous, ma chère Caliste!... Que nous serons heureux ensemble!...

CALISTE.

Vous retrouverez près de moi la paix de l'ame. Mes goûts ont toujours été les vôtres.

MONTALVAR.

C'est une grace d'état.

CALISTE.

En effet, je considère cette parfaite ressemblance entre nous comme une vocation.

SCÈNE XXI.

MONTALVAR.

Le maudit Français!.. et je ne lui ai pas passé mon épée au travers du corps! et je ne l'ai pas tué sur la place! là, là, devant l'infidéle Athénaïs!

CALISTE.

En vérité, mon cher Montalvar, vous ne pensez qu'à elle!... remettez-vous donc, revenez à vous.

MONTALVAR.

Ah! cessez de m'arrêter! je ne veux plus entendre parler de cette ingrate!.. moi qui l'aimais tant, qui aurais donné ma vie pour elle!... que ne me disait-elle, Je vous hais, je vous déteste, je vous abhorre, vous êtes un monstre à mes yeux!... j'en aurais pris mon parti; je me serais rendu justice; mais m'assurer qu'elle m'aime, et me tromper d'une manière aussi indigne! oh, voyez-vous, ce sont de ces actions qui ne se pardonnent pas! elles partent du cœur, et révèlent un affreux caractère... moi! rentrer dans ses fers!... jamais! jamais!... on a beau vouloir la défendre.

CALISTE.

Mais je ne la défends pas!

MONTALVAR.

Si jeune et si artificieuse! Barbare! ingrate! ne compte plus sur ma tendresse, j'y renonce, j'y renonce pour toujours!

CALISTE.

En vérité, je croirais le contraire à en juger par

cette chaleur, cette véhémence! ah! vous aimez encore Athénaïs, puisque vous êtes si sensible à sa trahison.

MONTALVAR.

Vous me jugez bien mal, ma chère Caliste; pour vous prouver combien le souvenir d'Athénaïs m'est odieux... m'est indifférent, je vous supplie de faire hâter les préparatifs de notre hyménée; allez. Pressé de remplir un soin si doux pour mon cœur, je vous rejoindrai dans un moment.

SCÈNE XXII.

MONTALVAR, *ensuite* ATHÉNAIS.

MONTALVAR.

Je suis le plus malheureux des hommes! je devrais aimer Caliste, ce serait tout-à-fait convenable; mais je ne puis y parvenir; en revanche je hais bien cordialement sa perfide cousine; je ne savais pas jusqu'à présent ce que c'était que la haine; je l'ai appris. Mais que vois-je? Athénaïs! Athénaïs!... (*Athénaïs s'avance vers Montalvar; il sort en lui jetant un regard furieux.*)

ATHÉNAÏS.

Il me fuit! il croit méchapper... il se trompe, et va connaître enfin tout le pouvoir d'une femme! Je l'ai vu à mes pieds cet orgueilleux Montalvar, et pourtant il n'a jamais su que je l'aime... que je l'aime avec passion. Essayons enfin de la sincérité. Ah! de tous les moyens de plaire c'est encore le plus infaillible.

SCÈNE XXIII.

SÉRAPHINE, ATHÉNAIS.

SÉRAPHINE.
Madame! madame! ma chère maîtresse!
ATHÉNAÏS.
Qu'avez-vous, Séraphine? vous voilà en larmes.
SÉRAPHINE.
Le duc épouse Caliste... tout de bon.
ATHÉNAÏS.
Il n'en fera rien.
SÉRAPHINE.
On a envoyé Diégo à Naples pour acheter la corbeille. Montalvar prodigue à Caliste les expressions les plus tendres.
ATHÉNAÏS.
Les plus passionnées, n'est-ce pas?
SÉRAPHINE.
Plus passionnées que la déclaration de Tancrède à Clorinde.
ATHÉNAÏS.
Notre Tancrède ne ressemble guère à celui du

Tasse; l'un a autant de dépit que l'autre avait d'amour.

SÉRAPHINE.

Jamais il ne vous a parlé aussi tendrement qu'à votre cousine.

ATHÉNAÏS.

Le langage du cœur est bien plus simple que celui de l'esprit.

SÉRAPHINE.

Vous avez beau dire, madame; mais votre sécurité vous abuse. C'en est fait de votre empire sur le duc.

ATHÉNAÏS.

Il n'a jamais été aussi fort.

SÉRAPHINE.

Ce que c'est pourtant que l'amour-propre d'une femme à la mode!... On lui dirait : *Je vous déteste*, qu'elle y entendrait malice.

ATHÉNAÏS.

Savez-vous qu'après *Je vous adore*, il n'y a rien d'aussi agréable pour une femme que *Je vous déteste;* ces trois mots prouvent qu'on a été amoureux d'elle ou qu'on est sur le point de le devenir. Qu'est-ce que la haine? c'est la conséquence ou l'origine d'un grand attachement.

SÉRAPHINE.

Tout cela est bel et bon; mais, pour vous réconcilier avec le duc, il ne vous reste plus qu'un moyen.

SCÈNE XXIII.

ATHÉNAÏS.

Lequel?

SÉRAPHINE.

Demandez-lui une entrevue.

ATHÉNAÏS.

Allons donc!...

SÉRAPHINE.

Cette démarche désarmera sa colère.

ATHÉNAÏS.

Et marquera trop d'empressement de ma part. D'ailleurs à quoi bon cette conférence diplomatique? Je suis sûre d'être prévenue...

SÉRAPHINE.

Par Montalvar?...

ATHÉNAÏS.

Par lui-même. Avant un quart d'heure le duc sera ici.

SÉRAPHINE.

Je voudrais voir cela.

ATHÉNAÏS.

Vous serez bientôt satisfaite : je parierais qu'il va venir.

SÉRAPHINE.

Ma fortune est très peu de chose; mais elle deviendrait considérable si vous faisiez entrer la moitié de la vôtre dans les conditions du pari... Je gage donc...

64   LE POUVOIR D'UNE FEMME.

ATHÉNAÏS.

Gardez-vous-en bien.

SÉRAPHINE.

Pourquoi?

ATHÉNAÏS, *montrant le duc qui arrive par le fond du théâtre.*

Voyez.

SÉRAPHINE, *s'enfuyant.*

Ah! le pauvre homme! il est ensorcelé.

SCÈNE XXIV.

MONTALVAR, ATHÉNAIS.

MONTALVAR, *dans le fond.*

La voici... J'ai besoin de la revoir pour lui reprocher sa perfidie... Mais non, je ferais mieux de me retirer. Elle ne m'a peut-être pas aperçu... sortons... J'ai beau faire!... je reste... Ah! mon Dieu! qu'il est cruel d'aimer!

ATHÉNAÏS, *sur le devant du théâtre.*

Il hésite, il n'ose se décider.

MONTALVAR.

Ne vous étonnez pas, madame, si je parais encore une fois à vos yeux; j'aurais dû peut-être vous dérober ma présence; mais j'ai pensé qu'il était de mon devoir de vous déclarer que nos liens étaient rompus... à jamais!

SCÈNE XXIV.

ATHÉNAÏS, *d'un air triste.*

Vous me l'avez déja dit.

MONTALVAR, *à part.*

Elle a l'air bien triste. (*haut.*) Au reste, madame, que vous importe? vous n'y teniez pas.

ATHÉNAÏS.

Ma douleur vous prouve que j'y attachais le bonheur de ma vie... mais j'ai du courage.

MONTALVAR, *à part.*

Serait-elle sincère? (*haut.*) Vous n'avez pas besoin d'appeler le courage à votre aide... une ame aussi forte que la vôtre!

ATHÉNAÏS.

Vous me croyez donc insensible?...

MONTALVAR.

Je ne suis pas payé pour croire le contraire... Cependant, il y aurait de la fatuité à tirer cette conclusion d'un fait qui m'est absolument personnel.

ATHÉNAÏS.

Si vous ne me croyez pas sensible à votre égard, vous ne risquez rien d'accuser mon cœur.

MONTALVAR.

Quoi!... serait-il possible? (*bas.*) Ah! c'est encore une nouvelle séduction; prenons-y garde. (*haut.*) Mais je ne dois attribuer qu'à un reste d'indulgence... de pitié, ce langage si peu d'accord avec toute votre conduite.

5

ATHÉNAÏS.

Oh! elle a été bien folle! bien inconséquente! elle vous a donné beaucoup de chagrin; et pourtant vous n'êtes pas le plus à plaindre.

MONTALVAR.

A plaindre, moi?... J'aurais pu le devenir, si j'avais perdu votre affection... Mais on ne saurait perdre ce qu'on n'a jamais possédé.

ATHÉNAÏS.

Écoutez-moi, Montalvar; je vais vous parler franchement. Je vous ai réduit à douter de ma tendresse, et... je vous aime.

MONTALVAR.

Vous m'aimez! si je le croyais... Eh! pourquoi vous donner la peine de feindre davantage?

ATHÉNAÏS.

Vous êtes incrédule!... Eh bien! vous avez tort, très grand tort; vous me connaissez mal. Lorsque vous m'avez surprise, grace à mes propres soins, avec cet officier français, je m'attendais à des fureurs... à de grands éclats de colère... Je n'ai vu que le froid mépris d'un homme irrité, mais déja maître de lui-même. Combien ce maintien calme m'a déconcertée!... J'ai compris alors toute l'étendue de ma faute. Fière de triomphes tant de fois obtenus, je me suis cru tout permis. Après avoir blessé mon amant dans son amour-propre, je l'ai blessé dans son amour, mes offenses n'ont plus connu de bornes!... C'en est fait, je renonce aux tristes succès où le cœur n'a point de part. Si je vous perds, Montalvar, je ne connaîtrai plus d'affections véritables, mais du moins je me délivrerai de ces plaisirs factices, inspirés par la vanité, et suivis toujours du regret.

MONTALVAR.

Je n'y résiste plus!... Athénaïs!... Je suis aimé! Quel bonheur!... Ah! Dieu! Athénaïs! ma chère Athénaïs!... Vous ne serez plus coquette, n'est-ce pas? vous me le promettez... Croyez-moi, vous seriez ingrate envers la nature, si vous appeliez l'art à votre secours.

ATHÉNAÏS.

Vous me jugez avec des préventions trop favorables! Toutefois, je suis ravie de cet excès d'enthousiasme, puisqu'il me révèle le retour de votre tendresse.

MONTALVAR.

Le retour de ma tendresse?... vous ne l'avez jamais perdue!... Malgré tous mes tourments, je vous ai toujours aimée, je n'ai aimé que vous! Je croyais vous haïr! je jurais de ne vous plus revoir!... mensonge d'amant dédaigné! langage de la passion! preuve irrécusable d'amour! Que sert de lutter contre un sentiment irrésistible?... Loin de moi cette folle pensée!... Athénaïs! je céde avec ivresse... Vous voulez encore de mon cœur; il est à vous; il n'a jamais cessé de vous appartenir.

ATHÉNAÏS.

Mon cher Montalvar, j'accepte le présent que vous me faites, et j'en sens tout le prix... J'ai été bien extravagante, j'en conviens! J'ai fait folies sur folies!... Eh bien, malgré tout cela, vous voilà à mes pieds. Abjurez de fausses maximes; cessez d'attribuer aux hommes cette fermeté de caractère qui ne leur sied nullement; et, convaincu par votre propre exemple, reconnaissez avec plaisir le pouvoir des femmes. Au reste, tout est pour le mieux. Le pouvoir des femmes est la garantie du bonheur des hommes.

SCÈNE XXV ET DERNIÈRE.

ATHÉNAIS, MONTALVAR, FIERVAL *entrant d'un côté; et de l'autre*, ZERBINI ET LES VASSAUX DU DUC.

FIERVAL *tirant sa montre.*

Dans une demi-heure; c'est bien cela.

SCÈNE XXV.

ATHÉNAÏS, *à Fierval*.

Comment, monsieur! encore ici?

FIERVAL.

Madame, je me rends aux ordres de M. de Montalvar; je suis Français... Je me trouve toujours à mon poste quand j'y suis appelé par l'amour ou par l'honneur.

ATHÉNAÏS.

Je frémis... expliquez-vous.

MONTALVAR.

Rassurez-vous, madame. Mon cher Fierval, plus de querelles entre nous; je vous demande sincèrement pardon; je suis au comble du bonheur : partagez ma félicité. (*à ses vassaux*.) Mes amis, voilà votre maîtresse, la duchesse de Montalvar.

ZERBINI.

Monseigneur se marie donc aujourd'hui pour la troisième fois?

MONTALVAR.

Pour la dernière.

FIERVAL.

Monsieur de Montalvar, voilà une belle occasion de renoncer à vos idées sur les femmes!... Ce sera un plaisir d'être mené par madame la duchesse.

MONTALVAR.

J'en serai charmé... Mais il régnera dans notre

intérieur un accord si parfait, qu'Athénaïs n'aura aucun desir d'exercer LE POUVOIR D'UNE FEMME.

ATHÉNAÏS.

Nous verrons, monsieur, nous verrons.

FIN.

www.ingramcontent.com/pod-product-compliance
Lightning Source LLC
LaVergne TN
LVHW051455090426
835512LV00010B/2158